DROITS DU POUVOIR EXÉCUTIF

EN CE QUI CONCERNE

L'EXÉCUTION DES LOIS

PAR

Théophile HUC

PROFESSEUR A LA FACULTÉ DE DROIT DE TOULOUSE

1880
—
Typographie-Lithographie P. RIVIÈRE et Cᵉ, boul. Riquet, 15,
—
TOULOUSE

DROITS DU POUVOIR EXÉCUTIF

EN CE QUI CONCERNE

L'EXÉCUTION DES LOIS

———

Les décrets du 29 mars 1880, relatifs à la dispersion des membres de certaines congrégations non autorisées, ont partout soulevé des débats passionnés ; cela arrive toujours ainsi lorsque sous une apparente question de droit se cache en réalité une question purement politique.

De la légalité de ces décrets, de leur conformité avec les lois existantes nous ne voulons rien dire, la discussion nous paraissant épuisée. Tout ce qui pouvait être dit à cet égard l'a été de part et d'autre et il nous serait difficile d'apporter à la controverse des éléments nouveaux.

Mais, à l'occasion de cette discussion, des doctrines étranges ont été professées dans la *presse,*

Ⓒ

dans des *consultations*, dans des plaidoiries, doctrines dangereuses qui rendraient tout gouvernement régulier impossible si jamais elles venaient à
prévaloir. Ce sont ces doctrines que nous nous
proposons d'examiner en elles-mêmes, indépendamment de l'opinion que l'on peut avoir sur les
décrets du 29 mars et en dehors de toute préoccu-
pation religieuse ou politique.

A propos d'une question toute spéciale on a
affirmé de prétendus principes qui, s'ils étaient
généralisés, auraient pour résultat le déplacement
de l'axe gouvernemental et le transport à l'autorité
judiciaire des attributions les plus essentielles du
pouvoir exécutif en ce qui concerne l'exécution
des lois et règlements.

Ce sont ces attributions dont nous voulons recher-
cher la nature et indiquer les limites.

I

Le **POUVOIR EXÉCUTIF** peut-il, sans compromettre ou diminuer
l'autorité d'une loi, en tolérer l'inexécution durant une période
plus ou moins longue ?

Nous croyons devoir formuler ainsi la première
difficulté théorique qui a été soulevée à l'occasion
des décrets du 29 mars. C'est, en d'autres termes,
la question usée de l'abrogation des lois par désué-

tude qui a été ainsi ravivée. Sans doute, personne n'a osé soutenir ouvertement ce vieux paradoxe. Cependant, des esprits distingués n'ont pas hésité à affirmer que lorsqu'une loi impérative ou prohibitive était demeurée inexécutée durant une longue période, l'autorité de cette loi était réellement amoindrie, amoindrie à ce point que nous avons entendu comparer une telle loi *à ces vieilles armes rouillées, que l'on peut sans doute conserver dans les musées, mais dont il serait absurde de prétendre aujourd'hui se servir*...

On voit tout de suite ce qui adviendrait s'il y avait la moindre parcelle de vérité dans un tel aperçu. Il en résulterait qu'un gouvernement se verrait toujours dans la nécessité de poursuivre sans ménagement l'exécution des lois les plus rigoureuses pour éviter de se voir opposer, dans l'avenir, que ces lois sont désormais entre ses mains des armes rouillées et sans portée...

Néanmoins, il faut en convenir, présentée de cette manière, l'objection tirée de la désuétude présente quelque chose de spécieux et il importe de l'examiner.

Le meilleur argument en faveur de l'influence que pourrait exercer la désuétude sur l'autorité d'une loi nous paraît fourni par les doctrines de l'Ecole historique allemande. Il est vrai que cet argument n'a pas été invoqué, du moins à notre connaissance. Mais il faut juger une opinion non d'après les mauvaises raisons qu'elle met en avant, mais d'après les bonnes qu'elle pourrait alléguer.

Selon l'Ecole historique, le droit se forme et se développe au sein du peuple sous l'empire des besoins de la vie pratique, tels qu'ils sont sentis par le peuple et à l'aide des moyens que le peuple admet pour leur donner satisfaction. C'est donc la *Coutume*, essentiellement *variable* et par accident *progressive*, qui forme en quelque sorte la vie du droit.

Donc, lorsque le souverain croit devoir réglementer un point quelconque, il doit se borner à constater et à sanctionner la coutume préexistante sur ce point.

Mais, comme la *Coutume* a pu se modifier elle-même, soit en étendant, soit en restreignant l'application d'une règle qu'elle avait d'abord admise, il semble en résulter que la *Coutume* puisse pareillement finir par étendre ou par restreindre l'application d'une règle qui aurait été revêtue de la forme législative.

Puisque la *Coutume* pourrait ainsi restreindre l'application d'une règle, même déjà revêtue de la forme législative, elle aurait pareillement le droit de faire totalement disparaître la règle elle-même, c'est-à-dire d'abroger la forme législative dont elle aurait été revêtue. De sorte que si le souverain voulait légiférer sur ce même point, il devrait se borner à constater *législativement* que la règle dont il s'agit a déjà été abrogée ou détruite par la *Coutume*.

Il n'est pas difficile de réfuter tous ces aperçus, même en demeurant sur le terrain de l'Ecole historique allemande, qui n'est pas le nôtre (1).

Lorsque l'organe du droit positif croit nécessaire de règlementer législativement un point quelconque, déjà suffisamment élaboré par la coutume antérieure, bien souvent, nous le reconnaissons, ce qu'il aura de mieux à faire consistera à revêtir d'une forme législative les données de la coutume elle-même. Mais à partir de ce moment il aura soustrait définitivement le point règlementé à l'empire de la coutume. De sorte que si des modifications paraissent plus tard commandées par l'expérience, ces modifications ne pourront désormais résulter que d'une loi nouvelle proprement dite. La loi déjà faite aura eu en effet pour résultat de rendre impossible l'établissement normal et régulier d'une coutume différente ou opposée. Admettre le contraire ce serait décréter l'impuissance du pouvoir social et proclamer un principe destructif de toute société.

Le vice de la doctrine que nous examinons consiste à confondre la *variabilité* essentielle de la coutume avec l'abrogation proprement dite.

Lorsque la *coutume* se modifie elle-même quant

---

(1) L'Ecole historique aboutit à la *justification* de tout ce qui a été, par le motif que *cela a été* ; à la glorification et à la restauration du passé au besoin par *la force* et l'exercice du *droit de conquête*. Elle ne reconnaît pas l'*initiative progressiste* du législateur ; elle combat la *codification*, parce que la *codification* est la meilleure des garanties contre un retour vers le passé.

aux points qui n'ont pas fait l'objet d'une règle-
mentation législative, la coutume n'abroge rien :
elle change, et voilà tout ; elle passe successive-
ment par les phases diverses de l'évolution qui lui
est propre ; mais elle demeure impuissante en présence du droit *promulgué*.

L'idée d'*abrogation* n'est pas une idée simple ;
elle se rattache forcément à la notion préalable
d'une loi *promulguée*. De telle sorte que sous l'empire exclusif d'un droit purement coutumier il serait
impossible de concevoir l'idée même d'abrogation.

Par conséquent, une question d'abrogation ne
peut se poser que sur le terrain du droit *promulgué*
c'est-à-dire sur un terrain définitivement soustrait
à l'empire de la coutume.

Cela suffit pour nous faire entrevoir immédiatement la vérité de la solution qui consiste à recon-
naître que les lois ne peuvent jamais être abrogées
par le non-usage ou la désuétude. Nous allons
maintenant donner la démonstration pratique de
cette solution.

Au point de vue qui nous occupe, on peut diviser
les lois promulguées en deux grandes catégories :

Les unes contiennent des prescriptions dont
l'exécution est confiée aux divers agents des pouvoirs publics. Telles sont les prescriptions destinées à assurer le maintien de l'ordre, le respect
des personnes et de la propriété ; ce sont les
diverses lois pénales et de police. Les lois fiscales
rentrent aussi dans cette catégorie.

Les autres contiennent des prescriptions qui assurent aux particuliers certains avantages dont ils peuvent se prévaloir le cas échéant. L'observation de ces prescriptions est confiée uniquement à l'intérêt privé ; c'est à lui seul qu'il appartient de veiller, si bon lui semble, à l'observation de ces lois ; tant pis pour lui s'il néglige d'en invoquer le bénéfice. Ainsi, par exemple : le Français défendeur peut, en toutes matières autres que les matières commerciales, exiger que l'étranger demandeur fournisse la caution *judicatum solvi*. Mais chaque fois que le cas se présente, il appartiendra au défendeur, dont l'intérêt personnel est seul en jeu, de décider sur ce qu'il a à faire ; il demeure libre de réclamer ou de ne pas réclamer le bénéfice de la loi.

Il y a encore quelques prescriptions qui rentrent à la fois dans les deux catégories dont nous venons de parler et qui, à ce point de vue, sont *mixtes*, c'est-à-dire que leur observation est à la fois confiée aux représentants des pouvoirs publics et à l'intérêt privé. Ainsi, par exemple, l'article 21 du Code civil, déclare déchu de la qualité de Français celui qui a pris, sans autorisation, du service militaire en pays étranger. Il appartiendra aux agents du gouvernement d'opposer cette déchéance à celui qui l'a encourue et qui réclamerait un bénéfice pour l'obtention duquel la qualité de Français est nécessaire ; il appartiendra aussi aux particuliers défendeurs d'opposer cette déchéance pour exiger de celui qui l'a encourue la caution que doit fournir un étranger demandeur.

Cela posé, examinons maintenant le mode de fonctionnement des diverses prescriptions législatives dont nous venons de parler.

Occupons-nous d'abord des lois de police, de sûreté, d'ordre pénal, etc., dont l'exécution est confiée aux représentants des pouvoirs publics.

La première question à résoudre est celle-ci :

Les pouvoirs publics sont-ils obligés de faire rigoureusement et strictement appliquer, dans tous les cas qui peuvent se produire, les lois qu'ils sont chargés de faire observer ?

L'absurdité d'une réponse affirmative est tellement évidente, qu'elle ne saurait être formulée par personne.

L'art de gouverner et l'art d'administrer consistent, en effet, principalement, à discerner avec justesse dans quelle mesure, de quelle manière et suivant quels tempéraments il convient d'appliquer les lois en vigueur.

Dans certaines circonstances, le gouvernement devra recommander la plus grande vigilance et la plus grande sévérité aux agents d'exécution ;

Dans d'autres circonstances, on recommandera une certaine réserve prudente aux mêmes agents ;

Dans d'autres enfin, on leur recommandera de fermer tout à fait les yeux sur certaines infractions à une loi existante.

Ainsi, par exemple, dans les années de disette,

pendant les hivers exceptionnellement rigoureux, les agents de l'administration forestière reçoivent des instructions qui leur enjoignent de négliger la constatation de certains délits forestiers. C'est qu'en effet, l'observation rigoureuse des règlements forestiers pourrait, dans certaines circonstances, produire des inconvénients beaucoup plus graves pour l'ordre public que la violation de ces mêmes règlements.

Ce qui est vrai dans cette hypothèse est vrai dans beaucoup d'autres. Les pouvoirs publics sont juges des convenances qu'il peut y avoir à ne pas appliquer temporairement les lois dont ils sont armés dans un intérêt public. Le gouvernement fait, dans cet ordre d'idées, ce qu'il croit devoir faire sous sa responsabilité politique. Ses actes seront jugés par les Chambres.

Mais, lorsque le gouvernement croit pouvoir ainsi ne pas appliquer temporairement une loi d'ordre public ou de police, il ne perd pas pour cela le droit d'en poursuivre ultérieurement l'application, lorsque les circonstances paraîtront l'exiger. Il ne perd pas ce droit quelque longue qu'ait été la période d'inexécution de la loi; il ne le perd pas parce qu'il ne peut pas le perdre.

C'est un point qu'il importe de bien mettre en relief :

Si le pouvoir exécutif pouvait perdre, par son inaction prolongée, le droit d'assurer ensuite l'exécution d'une loi en fait temporairement suspendue, il en résulterait qu'il serait maître d'abroger une loi existante. Or, c'est ce que ne permet pas la Constitution. Il ne peut y avoir, à cet égard, le plus léger doute.

Le pouvoir exécutif a donc incontestablement le droit de remettre à exécution, lorsqu'il le juge convenable, toutes les lois existantes et qui, par conséquent, ne peuvent jamais être considérées comme abrogées.

Que faudrait-il maintenant décider par rapport à certains intérêts de diverse nature, qui, durant la période d'inaction d'une loi, et grâce à cette inaction, auraient pris une forme extérieure et sensible? Lorsque la loi sera remise en action, devra-t-elle respecter les intérêts dont il s'agit?

Ainsi, par exemple :

Sous l'empire de certaines nécessités financières, la production, la fabrication et la vente des tabacs ont été monopolisées en France. Supposons que ces nécessités financières s'étant beaucoup atténuées, le gouvernement ne croie pas nécessaire de veiller rigoureusement à l'application des lois sur le monopole. Il entre, à cet égard, dans la voie d'une certaine tolérance envers les producteurs et fabricants. A la faveur de cette tolérance, on voit peu à peu s'élever des établissements particuliers pour la fabrication et la vente des tabacs. Cela dure ainsi plus ou moins longtemps. Mais les nécessités financières dont nous avons parlé reparaissent avec plus d'intensité que jamais; on s'aperçoit que les fabriques de tabac dont il s'agit ruinent l'État. En conséquence, le pouvoir exécutif rappelle les citoyens à l'observation de la loi existante.

Les citoyens qui avaient profité de la tolérance gouvernementale ne pourront pas se plaindre. Tant pis pour eux s'ils ont fait des dépenses considérables, désormais sans objet; ils n'auront d'action contre personne. Ils savaient qu'ils agissaient sous une pure tolérance, et les principes du droit public sont, à cet égard, les mêmes que ceux de droit privé.

De même que dans l'ordre des rapports entre simples particuliers, l'article 2232 dispose : « Les actes de pure faculté et ceux de simple tolérance ne peuvent fonder ni possession, ni prescription, »

De même dans les rapports entre les citoyens et les pouvoirs publics, la simple tolérance en faveur des particuliers ne peut fonder à leur profit aucune possession, aucune prescription, aucun droit, en un mot, opposable au gouvernement.

Passons maintenant à l'examen des lois assurant aux particuliers certains avantages qu'ils peuvent ou non invoquer, selon qu'ils le jugeront convenable.

Ici encore il est impossible de concevoir comment pourrait trouver place une abrogation par désuétude.

Supposons, comme cela s'est présenté, qu'il s'agisse de quelqu'un de ces textes prescrivant l'accomplissement de certaines formalités pour la validité de certains actes. Le défaut de ces formalités engendrera au profit des intéressés une action en nullité.

Il pourra arriver que, dans la pratique usuelle des affaires, on ait pris peu à peu l'habitude de négliger quelqu'une de ces formalités prescrites, et que, de leur côté, les parties qui auraient pu demander la nullité aient également négligé de le faire.

Si cette double négligence dure pendant une période très longue, pourra-t-on considérer comme abrogée par désuétude la prescription légale qui avait trait à la formalité omise?

Si on admettait l'affirmative, il en résulterait cette monstruosité que les derniers, vis-à-vis de qui la formalité prescrite a été omise, se verraient enlever l'action en nullité à laquelle ils ont droit, parce que la nombreuse série des autres particuliers qui avaient eu le droit de produire une action semblable aurait jugé à propos de demeurer dans l'inaction ! De sorte que la négligence des premiers à défendre leur droit aura eu pour résultat de détruire ce droit chez les derniers lésés, qui n'ont rien à se reprocher, puisqu'ils se sont levés pour défendre leur droit aussitôt qu'il a été attaqué !

Ceci nous remet en mémoire que dans un écrit intitulé : *La Lutte pour le Droit (Der Kampf um's Recht)*, Von Jhering a formulé les deux propositions suivantes :

1° La lutte pour le droit est, pour le sujet investi, une obligation stricte vis-à-vis de lui-même ;

2° La défense de son propre droit constitue en même temps une obligation rigoureuse vis-à-vis de la société tout entière.

Il y a quelque chose de vrai dans cette formule, en ce sens que celui qui néglige de faire appel à la loi pour la défense de son droit lésé, semble ainsi contribuer à affaiblir d'une manière absolue l'autorité de la loi elle-même ; de sorte que la loi ainsi affaiblie en soi paraît moins forte vis-à-vis de tous.

On se doit donc à soi-même et on doit aux autres de défendre énergiquement son droit propre. Mais si la négligence que l'on apporte à défendre son propre droit devait avoir pour résultat l'anéantissement du droit d'autrui, il s'ensuivrait qu'il faudrait punir cette négligence et, par conséquent, frapper celui qui, ayant une action à intenter en justice, ne la poursuivrait pas énergiquement jusqu'au bout... On comprend que cela serait impossible.

La doctrine de l'abrogation de la loi par l'usage contraire ou la désuétude aboutirait encore, dans la pratique, à des conséquences inadmissibles, sur lesquelles nous n'insisterons pas et qui furent signalées à la Chambre des pairs lors de la discussion de la loi du 24 juin 1843 sur la forme des actes notariés.

On peut donc affirmer sans crainte de se tromper :

Que le pouvoir éxécutif peut, sans compromettre ou diminuer l'autorité d'une loi, en tolérer l'inexécution durant une période plus ou moins longue et qu'il conserve le droit d'exiger de la part de tous les citoyens une soumission absolue à cette même loi.

Les décrets du 29 mars ont encore été l'occasion de quelques autres propositions erronées en matière d'abrogation des lois.

Ainsi, la règle élémentaire suivante a été bien souvent méconnue dans la discussion :

Une loi générale postérieure n'abroge pas implicitement les lois spéciales antérieures. Mais, comme la règle elle-même n'a pas été ouvertement contestée, nous croyons inutile d'en donner une nouvelle démonstration.

II

Le défaut de sanction pénale dans une loi impérative ou prohibitive affaiblit-il la force exécutoire de la loi et met-il obstacle à l'action gouvernementale?

Dans les discussions soulevées par les décrets du 29 mars, on a souvent prétendu tirer un argument puissant de cette observation que : le décret de Messidor an XII *ne contiendrait aucune sanction pénale...* Une telle observation, fut-elle exacte, n'a absolument aucune portée, ou bien elle constitue purement et simplement une invitation formelle à violer les lois qui seraient dépourvues de sanction pénale.

Quelle idée certaines personnes se font-elles donc de la *Loi* et de la *Sanction?* Le respect de la loi est le premier devoir du citoyen; c'est une obligation stricte pour le magistrat; le jurisconsulte n'a pas d'autre mission que de l'enseigner. Théoriquement, et si tous les hommes étaient ce qu'ils doivent être, la loi pour être obéie n'aurait pas besoin de sanction. De fait, la sanction est inutile pour les bons citoyens; c'est uniquement pour les autres qu'elle est nécessaire, *ad animadvertendum facinorosos homines*, a dit Ulpien il y a bien longtemps (1). Il ne faut pas croire, d'ailleurs, que les faits *punissables*, ou plutôt que les faits *punis* soient seuls *illicites*. Tout fait contraire à une loi existante est un fait *illicite;* si ce fait *illicite* est réprimé par une peine quelconque, il est de plus punissable. Mais la circonstance qu'il peut ne pas être réprimé par une peine ne l'empêche pas de demeurer *illicite*. On peut donc concevoir des prohibitions pénales et des prohibitions n'ayant pas ce caractère. Ainsi, la loi relative à l'*Internationale* contient une prohibition pénale à l'égard de certaines sociétés ou associations. Le

(1) L. 3, D. 1, 2.

2

décret de Messidor an XII, relatif à certaines congrégations, contient une prohibition non pénale.

« Ce qui trompe les esprits prévenus ou superficiels, dit M. Demolombe dans son *Adhésion à
la Consultation de Me Rousse*, c'est la confusion
entre les règles du droit civil et les règles du
droit *pénal*..... » Il nous sera permis d'ajouter
que ce qui trompe encore davantage les esprits
prévenus ou superficiels, c'est la croyance qu'en
dehors des règles du droit civil et de celles du droit
pénal il n'y a plus rien ; que le *droit public* dont
le *droit pénal* n'est qu'une branche, est tout
entier dans le droit pénal ; que, par suite, *tout ce
qui n'est pas réprimé par une peine criminelle correctionnelle* ou de *simple police est permis et doit être
maintenu*. La moralité publique résisterait diffici-
lement à de pareilles doctrines.

L'unique effet d'un défaut de sanction pénale
est donc d'exonérer de toute pénalité les citoyens
qui auraient contrevenu à la loi ; mais la loi n'en
est pas moins exécutoire, elle doit être obéie, et
le pouvoir exécutif, qui est précisément chargé
d'assurer l'exécution des lois, prendra, à cet effet,
les mesures nécessaires. Du reste, et par la force
même des choses, une loi est toujours nécessai-
rement sanctionnée, en ce sens que le pouvoir
exécutif a le droit d'empêcher tout ce qui serait
directement contraire à la loi, en ce sens encore
que les faits illicites seraient destitués de toute
efficacité juridique.

Prenons pour exemple le cas de l'article 410 du Code pénal et la loi du 21 mai 1836, réprimant les contraventions aux règlements sur les maisons de jeu et les loteries. L'article 1er de cette loi porte que *les loteries de toute espèce sont prohibées;* l'article 2 définit les loteries prohibées. Les articles suivants contiennent la sanction de la loi ; ils déterminent les diverses pénalités encourues, suivant les cas. Admettons maintenant que l'article 410 du Code pénal n'existe pas, et que cette loi du 21 mai 1836 soit réduite à cette disposition unique : *Les loteries sont prohibées;* qu'aucune pénalité ne soit édictée contre les contrevenants... Ce défaut de sanction, plus apparent que réel, rendrait-il la loi impuissante, non susceptible d'exécution? Pas le moins du monde. Sans doute, certains actes habilement dissimulés pourraient échapper à l'action du pouvoir exécutif, mais il n'en serait pas ainsi de tous. Supposons en effet que des hommes audacieux, *homines facinorosi*, spéculant sur ce défaut de sanction pénale et peut-être aussi sur les sympathies avouées de quelques magistrats, *amis de la loterie*, aient ostensiblement consacré l'immeuble qui leur appartient, ou qu'ils ont loué, au commerce des *loteries prohibées;* qu'une enseigne ait été placée pour indiquer au public la destination de l'édifice, que le public soit convié à venir assister, dans cet édifice, à jours et heures fixes, à la loterie de tel immeuble, etc. Est-ce que les agents du pouvoir exécutif seraient paralysés par cette circonstance

que le fait prohibé ne serait puni d'aucune peine?
Qui oserait le prétendre? Les agents d'exécution
se présenteront en force ; ils feront évacuer la salle
où devait avoir lieu la loterie illicite, ils feront
disparaître l'enseigne, etc. D'un autre côté, les faits
illicites déjà consommés n'auraient aucun effet
légal. Si, par exemple, la loterie avait été tirée,
le porteur du numéro gagnant n'aurait pas d'action
pour réclamer la délivrance de son lot. Ainsi donc,
de toute manière, force resterait à la loi.

La circonstance qu'une loi ne contient pas de
sanction pénale explicite est donc indifférente. Il
pourrait même arriver que le législateur refusât
intentionnellement d'assurer l'exécution d'une loi
par une sanction pénale. Ainsi, il est une association, la *Franc-maçonnerie*, qui existe au vu et su
de tout le monde, qui possède des *temples* nom-
breux où se réunissent les affiliés, nous pourrions
dire : *les fidèles*. Ce n'est certes pas une société
secrète : c'est tout au plus une société qui a ou
prétend avoir des *secrets*, c'est-à-dire des *mystères*.
Proudhon a même soutenu que ses dogmes étaient
ceux de la vraie religion d'un peuple libre.....
Quoiqu'il en soit, supposons qu'un pouvoir ombra-
geux veuille dissoudre une telle société et provoque
une loi dans ce but. Il est infiniment probable que
la *Franc-maçonnerie* serait mieux traitée que l'*Internationale*, et que le fait d'être affilié à la *Franc-
maçonnerie* demeurerait par lui-même impuni.
Qu'adviendrait-il donc si la loi se bornait à déclarer

purement et simplement que : *La Franc-maçonnerie est dissoute*? Cette loi serait exécutée absolument dans les mêmes formes que celles qui ont été observées pour la dipersion des congrégations non autorisées; la mise en scène que pourraient organiser les *vénérables*, revêtus de leurs insignes maçonniques, les clameurs des *apprentis* et des *maîtres* n'y feraient rien, et il est permis d'affirmer que l'idée singulière de démissionner, pour éviter toute responsabilité dans une telle exécution, ne germerait dans la cervelle d'aucun substitut.

Ce que nous venons de dire par pure hypothèse de la *Franc-maçonnerie*, nous pouvons le dire plus réellement de la *Garde nationale* qui, plusieurs fois, a été purement et simplement dissoute, et dont la dissolution a été immédiatement réalisée *manu militari*. Nous pourrions trouver encore d'autres exemples. Est-ce que dans toutes ces hypothèses on a jamais songé à réclamer ce qu'on appelle aujourd'hui : l'*exécution par voie judiciaire!* Est-ce que l'autorité judiciaire peut faire autre chose que prononcer des peines quand elle a à en prononcer? Qu'est-ce donc que cette exécution *par voie judiciaire* dans un cas où précisément on argumente de ce que *le défaut de sanction pénale* ne permet pas de saisir l'autorité judiciaire?.....

C'est donc un point bien certain : le défaut de sanction pénale d'une loi ne compromet en aucune manière l'exécution de cette loi; le pouvoir exécutif, et c'est justement sa raison d'être, demeurant chargé d'assurer l'exécution d'une telle loi.

Cela établi, voyons maintenant quelles vont être les conséquences d'une sanction pénale formellement ajoutée aux dispositions impératives ou prohibitives d'une loi.

Nous avons déjà vu qu'une loi non sanctionnée pénalement peut néanmoins être ramenée à exécution par les agents du pouvoir exécutif. La présence d'une sanction a seulement pour but de renforcer, s'il est permis de s'exprimer ainsi, l'exécution de la loi. A l'action du pouvoir exécutif va, en effet, s'ajouter, contre les individualités délinquantes, l'action du pouvoir judiciaire. C'est-à-dire que désormais l'exécution de la loi sera assurée par deux pouvoirs différents : 1º par le pouvoir exécutif, qui continuera de prendre les mesures commandées par les circonstances pour empêcher la violation de la loi ; et 2º par le pouvoir judiciaire qui prononcera contre les délinquants, dans les formes ordinaires, les peines édictées par la loi violée. Or, les singulières doctrines qui ont été émises dans ces derniers temps, tendraient à faire croire que la présence d'une disposition pénale dans une loi a pour résultat de paralyser complètement le pouvoir exécutif et de transporter au pouvoir judiciaire seul la mission sociale d'assurer l'exécution des lois. Voici, en effet, ce que dit textuellement M. Demolombe, dans son *adhésion* précitée :

« Ou l'association à domicile commun est licite
« ou elle ne l'est pas.

« Si elle est licite, elle ne peut être dissoute par
« aucune autorité.

« Si elle est illicite, elle ne peut être dissoute
« que par le tribunal correctionnel, suivant les
« formes et sauf les recours déterminés par la loi. »

C'est, comme on le voit, la suppression pure
et simple du pouvoir exécutif et le transport de
ses attributions essentielles au pouvoir judiciaire.

Dans ce système, le pouvoir exécutif n'est plus
rien : c'est le pouvoir *inexécutif;* il cesse d'être
chargé d'assurer l'exécution des lois et ce n'est
plus lui qui doit apprécier, d'après les circonstances, quels tempéraments il convient d'apporter à
cette même exécution.

Mais examinons de plus près ces incroyables
nouveautés...... Ce serait donc le *tribunal correctionnel* qui aurait seul le droit de dissoudre une
association illicite. — Et pourquoi précisément
le *tribunal correctionnel* plutôt que tout autre tribunal de répression? C'est apparemment parce qu'on
suppose maintenant que la loi violée (*cette loi
qu'on disait n'être pas sanctionnée*) édicte une peine
correctionnelle contre les délinquants ; on suppose,
en d'autres termes, qu'il s'agit d'un *délit*, car,
autrement, comment expliquer la compétence des
tribunaux correctionnels? Si donc la peine édictée est une peine *criminelle*, il faudrait admettre
qu'à la *cour d'assises* seule appartient le droit de
dissolution, puisque alors il s'agirait d'un crime.....
Mais, par suite du même raisonnement, si aucune

peine n'est édictée, comme on a commencé par
le faire remarquer, il est manifeste qu'aucun
tribunal répressif ne pourra être saisi, puisque
c'est précisément la nature de la peine qui déter-
mine la compétence. Il est donc faux de dire
qu'une dissolution d'association ou réunion illicite
ne peut jamais résulter que d'une décision judiciaire, puisqu'il y a des cas où il est impossible
de concevoir comment l'autorité judiciaire pourrait être saisie..... Il faut donc, de toute nécessité,
que la dissolution soit assurée par les agents du
pouvoir exécutif, ou plutôt, pour parler un langage
plus exact, la dissolution découle directement de
la loi elle-même ; aucune autorité, absolument
aucune, n'a à la prononcer dans aucun cas. La
dissolution constitue un résultat légal désormais
acquis ; il ne reste plus qu'une opération matérielle à terminer : *la dispersion* des délinquants,
et c'est ainsi que la loi est exécutée. Cette opération matérielle, le pouvoir exécutif a le droit de
la faire quand la loi n'est pas pénalement sanctionnée ; il conserve absolument le même droit
quand la loi est sanctionnée par une disposition
pénale. Il serait manifestement absurde de prétendre le contraire, d'oser affirmer que, précisément dans le cas où la loi a multiplié ses précau-
tions pour assurer son exécution, elle a maladroi-
tement manqué son but et a désarmé elle-même
le plus puissant de ses agents : le pouvoir exécutif.

Ainsi, reprenons le cas des *loteries prohibées* et plaçons-nous maintenant en présence de la loi telle qu'elle est, c'est-à-dire protégée par la double sanction de l'article 410, du Code pénal et des articles 5 et 6 de la loi du 21 mai 1836. Est-ce que cette sanction va avoir pour résultat de diminuer les droits et les devoirs du pouvoir exécutif? Assurément non !..... Si donc *les hommes audacieux* dont nous avons parlé osaient, au mépris de la loi, consacrer ouvertement un immeuble au commerce des loteries prohibées, s'ils osaient placer une enseigne pour indiquer au public la destination de l'édifice, convier le public à venir assister aux opérations défendues, etc., les agents du pouvoir exécutif auraient parfaitement le droit, ce serait même leur devoir, de faire évacuer la salle où devaient avoir lieu ces opérations, de faire disparaître l'enseigne, etc.

Il en serait de même en matière d'affichage de placards séditieux. Quoique les articles 5 et 7 du décret du 25 août 1852 édictent certaines pénalités contre les auteurs de tels placards, l'autorité a certainement le droit de les faire disparaître, sans attendre la mise en mouvement et les résultats de l'action judiciaire..... Nous pourrions multiplier les exemples ; mais, d'après les théories nouvelles, le pouvoir exécutif, complètement désarmé, devrait assister impuissant à toutes ces violations de la loi.

III

L'action gouvernementale, en ce qui concerne l'exécution des lois, peut-elle être paralysée par les droits individuels, notamment par le droit de propriété?

On a soutenu que la nécessité de respecter les droits individuels, et principalement le droit de propriété, avait pour résultat d'empêcher le gouvernement de faire directement procéder à l'exécution des lois servant de base aux décrets du 29 mars.

« En résumé, dit M. Demolombe (*loc. cit.*), la *liberté individuelle*, l'*inviolabilité du domicile*, le *respect de la propriété* sont placés, en vertu du droit public français, sous la sauvegarde des *lois* et des *tribunaux*, en dehors et au-dessus de l'atteinte du pouvoir exécutif. »

Il nous est impossible de saisir la relation qu'on prétend établir entre la question en litige et le respect du domicile, de la liberté individuelle ou du droit de propriété. Le pouvoir estime que certaines personnes ont pris une situation contraire aux dispositions prohibitives d'une loi toujours en vigueur. Il a pour mission de faire exécuter la loi, et il la fait exécuter en effet. De deux choses l'une : ou les prétentions du pouvoir exécutif sont fondées, ou elles ne le sont pas. Si elles sont fondées, que signifient ces protestations au nom de la liberté individuelle, du droit de propriété et de l'inviolabilité du domicile? Si elles ne sont pas fondées, l'acte du pouvoir exécutif ne doit pas être maintenu; mais s'il doit être annulé, remarquons-le bien, ce sera non pas pour des raisons tirées du respect de la propriété et de la liberté individuelle ou de l'inviolabilité du domicile, mais uniquement parce que la prétendue loi invoquée n'a jamais existé ou n'est plus en vigueur. Dans aucune hypothèse, il importe de le constater, il n'y aura lieu de soulever sérieusement ces grandioses questions de liberté individuelle ou de propriété, à moins qu'on ne se propose de déplacer la question pour égarer la discussion.

Mais quel sera le juge entre les plaintes des citoyens et les prétentions du pouvoir exécutif?

S'il s'agit d'un *acte* simplement *administratif*, les citoyens qui se prétendraient lésés dans leur droit pourraient se pourvoir devant le Conseil d'Etat par la voie contentieuse, pour excès ou abus de pouvoir. Pourraient-ils se pourvoir devant les tribunaux judiciaires? Il est élémentaire qu'ils ne le pourraient pas. Mais s'il s'agit d'un *acte gouvernemental*, la solution n'est plus la même; il est non moins élémentaire qu'un *acte gouvernemental* ne comporte aucune espèce de recours contentieux, même devant le Conseil d'Etat. Ce point fondamental a toujours été reconnu; personne n'a jamais songé à le contester, et M. Demolombe lui-même est obligé de l'admettre dans la consultation par lui rédigée.

Cela veut-il dire qu'un acte gouvernemental, ou de haute police, ne pourra jamais engager la responsabilité de ceux de qui il émane? Certainement non, et la Constitution y a pourvu.

D'après l'article 6 de la loi du 25 février 1875 sur l'organisation des pouvoirs publics, « les ministres sont solidairement responsables devant les Chambres de la politique générale du gouvernement, et, individuellement, de leurs actes personnels. »

D'après l'article 12 de la loi du 24 février, sur l'organisation du Sénat, « ils peuvent être mis en accusation par la Chambre des députés pour crimes commis dans l'exercice de leurs fonctions. En ce cas, ils sont jugés par le Sénat. »

Enfin, d'après l'article 9 de la loi du 16 juillet 1875, le Sénat peut être constitué en Cour de justice pour juger les ministres.

Les droits individuels ne sont donc pas livrés sans protection à l'arbitraire ministériel. Ils sont protégés par l'intervention possible des grandes assemblées de la nation. Ces assemblées sont seules compétentes pour apprécier et juger les actes du gouvernement. Si un tribunal quelconque pouvait apprécier et juger les actes gouvernementaux, c'est ce tribunal lui-même qui serait *le gouvernement;* devant lui, le pouvoir exécutif, la Chambre des députés, le Sénat ne seraient rien.

Mais lorsque la haute juridiction organisée par la Constitution aura statué ; si les actes du ministère sont annulés, si les pénalités édictées par l'acticle 115 du Code pénal sont prononcées par le Sénat, aujourd'hui seul compétent, alors les questions de responsabilité personnelle pourront s'il y a lieu, être soulevées contre qui de droit, si une atteinte dommageable a été portée soit à la propriété, soit à la liberté individuelle, soit à l'inviolabilité du domicile ; et ces questions *pourront* alors être soulevées devant les tribunaux judiciaires.

Par conséquent, la seule controverse que nous aurions comprise à propos de l'exécution des décrets du 29 mars, est celle de savoir si les personnes ayant souffert de cette exécution se trouvaient en présence d'un *acte gouvernemental,* ou d'un simple *acte administratif?* En d'autres termes, pouvaient-elles recourir devant le Conseil d'Etat par voie contentieuse, ou bien toute espèce de recours leur était-il interdit?

On soutient, en général, que les décrets du 29 mars, constituant incontestablement un *acte gouvernemental,* leur exécution ne peut donner lieu à aucune espèce de recours ni devant la juridiction civile, ni devant le Conseil d'Etat. M. Demolombe, dans son *adhésion* précitée, raisonne comme s'il n'y avait que deux solutions possibles : ouver-

ture d'un recours devant la juridiction civile pour
cause de violation de la propriété, etc., ou refus
de tout recours, vu le caractère gouvernemental
de l'acte.

Une telle solution suppose que les actes particuliers d'exécution émanés des préfets et autres
agents, en vertu des décrets du 29 mars, forment,
avec ces décrets, un tout en quelque sorte indivisi-
ble, et participent, par conséquent, de la nature
de l'acte gouvernemental.

Nous croyons cette doctrine exagérée.

Nous pensons que lorsqu'un acte gouvernemental s'est produit, dans la forme d'un décret, ou
d'une convention diplomatique, les actes particuliers des agents d'exécution *peuvent* ne pas
sortir de la classe des simples *actes administratifs*.

Lorsqu'un décret prescrit certaines voies d'exécution à l'égard de certaines personnes, à partir
d'une époque déterminée, on peut parfaitement
concevoir que les agents d'exécution, par négligence, inintelligence ou mauvais vouloir, aillent
beaucoup plus loin qu'ils ne devraient soit quant
au temps, soit quant aux lieux, soit quant aux
personnes. Il pourrait arriver que sous prétexte
de ramener un décret à exécution, ce décret soit
en réalité méconnu et violé. Dans ce cas, les actes
des agents d'exécution pourraient se trouver enta-
chés d'*excès de pouvoir*. Ils pourraient, croyons-
nous, être déférés au Conseil d'Etat par la voie
contentieuse. Mais remarquons bien qu'en pareille

hypothèse, l'acte gouvernemental lui-même demeurerait en dehors de toute discussion ou apprécia-
tion.

Nous allons encore plus loin : Il est des cas où
la compétence judiciaire pourrait même être
admise ; c'est lorsque le fait, posé à l'occasion d'un
acte administratif, présentera les caractères d'un
fait personnel imputable à l'agent d'exécution lui-
même. Dans l'affaire Laumonnier-Carriol, jugée
par le tribunal des conflits le 5 mai 1877, M. Lafer-
rière, alors commissaire du gouvernement, a formulé à cet égard les vrais principes :

« Il nous reste à examiner, disait-il, la question
de compétence au point de vue de la nature de
l'acte attaqué et en nous inspirant des lois de 1790
et de l'an III, sur la séparation des pouvoirs, et de
la jurisprudence du tribunal des conflits. Ces actes
sont-ils administratifs ou bien constituent-ils des
fautes personnelles des fonctionnaires poursuivis?
Tel est le *criterium* indiqué par la jurisprudence.
Si l'acte dommageable est impersonnel, *s'il révèle
un administrateur*, un mandataire de l'État, plus
ou moins sujet à l'erreur, et non l'homme avec
ses faiblesses, ses passions, ses imprudences,
l'acte reste administratif et ne peut être déféré aux
tribunaux ; si, au contraire, la personnalité de
l'agent se révèle par des fautes de droit commun,
par une voie de fait, une imprudence, *alors, la
faute est imputable au fonctionnaire, non à la fonction,*
et l'acte, perdant son caractère administratif, ne

fait plus obstacle à la compétence judiciaire. »

Par conséquent, et en résumé : pas de recours possible contre l'acte gouvernemental lui-même ; — recours éventuel devant le Conseil d'Etat contre les agents d'exécution qui auraient commis un excès de pouvoir ; recours possible devant les tribunaux judiciaires en cas de *faute personnelle* de l'agent.

Tels sont les principes, telles sont les règles qui, DE TOUT TEMPS, en France, sous une forme ou sous une autre, en monarchie comme en République, ont permis à la machine gouvernementale de fonctionner.

Donc, lorsqu'on s'écrie :

« Qu'en vertu du droit public français, la liberté individuelle, l'inviolabilité du domicile, le respect de la propriété sont placés sous la sauvegarde *des lois* et des *tribunaux*, en dehors et au-dessus de l'atteinte du pouvoir exécutif », on dit une chose vraie, en soi. Mais comme par la manière de le dire on veut faire entendre que *les tribunaux* dont on parle ne peuvent être que les tribunaux *judiciaires;* que le pouvoir exécutif n'est rien, les tribunaux judiciaires pouvant le contrôler à loisir et paralyser son action ; comme on veut faire entendre que le Conseil d'Etat et la Haute cour de justice sont à considérer comme n'existant pas, on dit en même temps une chose fausse. Cela s'appelle *créer l'équivoque.*

C'est bien ainsi, du reste, que certains tribunaux l'ont compris.

Le 9 juillet 1880, le Président du Tribunal civil de la Seine rendait, sur référé, une ordonnance ainsi motivée :

« Attendu que le demandeur, expulsé comme membre de l'Association de Jésus, ne réclame pas sa réintégration à ce titre ;

« ... Que membre d'une Société non-autorisée, il n'en conserverait pas moins, pour les exercer isolément ou en commun avec d'autres, tous les droits civils afférents à la qualité de français. »

Cette décision *remarquable*, c'est-à-dire faite pour être remarquée, est de nature à provoquer plusieurs observations :

1° L'esprit est d'abord frappé de la naïveté qui consiste à faire ressortir que le demandeur expulsé comme jésuite ne réclame pas sa réintégration en cette qualité !... Mais seulement *en qualité de propriétaire!!* On pourrait répondre avec autant de finesse qu'il n'a pas été expulsé en tant que propriétaire, mais seulement comme jésuite ; que le jésuite ne peut rentrer sous l'habit du propriétaire et que c'est tant pis pour le propriétaire s'il s'est fait à lui-même une position impossible ;

2° En faisant observer que le demandeur ne réclame pas sa réintégration en qualité de jésuite, l'ordonnance de référé reconnaît implicitement que si le demandeur avait eu la singulière fantaisie de réclamer sa réintégration en qualité de jésuite, il

3

n'aurait pas été possible d'accueillir sa demande. Si la remarque ne signifiait pas cela, elle n'aurait aucun sens. Mais il en résulte évidemment qu'on a eu le droit d'expulser le demandeur comme jésuite, puisqu'il ne peut pas réclamer sa réintégration en cette qualité... ;

3° L'ordonnance ajoute que le demandeur, quoique membre d'une société non-autorisée, a néanmoins conservé, pour les exercer, tous *les droits civils afférents à la qualité de Français!*

Les droits civils afférents à la qualité de Français! Il semble que cela ait été écrit uniquement pour intéresser la susceptibilité du caractère national, pour faire croire qu'il s'agit de porter atteinte à quelque grande prérogative formant l'apanage des Français. Cela a l'air de vouloir dire quelque chose, mais, en réalité, cela ne dit rien. *Les droits afférents à la qualité de Français,* — c'est-à-dire qu'un Français seul peut exercer et non un étranger — sont en effet les suivants :

1° Le droit d'être toujours assigné devant le tribunal de son domicile ;

2° L'affranchissement de la caution *judicatum solvi;*

3° Le droit d'être jugé par les tribunaux ordinaires de répression en cas de complicité dans un crime commis par un individu justiciable des tribunaux militaires ;

4° Dans le droit d'être tuteur ;

5° Dans le droit d'adopter, et encore y a-t-il

controverse pour ces deux derniers droits que la
plupart ne contestent pas aux étrangers.

Et c'est tout; tels sont les droits civils *afférents
à la qualité de Français* dont le demandeur, nous
n'hésitons pas à le proclamer nous-mêmes, a conservé l'exercice, quoique membre d'une société
non-autorisée.

Évidemment, ce n'est pas pour constater ce
résultat que l'ordonnance employait l'expression un
peu ambitieuse : *Droits civils afférents à la qualité
de Français*. La véritable pensée de l'ordonnance
éclate dans cette précision : que le demandeur a
conservé les droits civils dont on parle *pour les
exercer isolément* OU EN COMMUN AVEC D'AUTRES, ce
qui signifie, en termes plus clairs, que, quoique
membre d'une société *non-autorisée*, il n'en conserve
pas moins le droit de continuer de vivre en commun avec d'autres membres de la même société
non-autorisée, absolument comme si la prohibition de cette société n'existait pas...

Le tribunal civil de Rouen a adopté le même
point de vue; mais il a été moins laconique et
par conséquent plus clair. « Les jésuites, expulsés
de leurs domiciles, qui s'adressent à la justice, dit
en effet le tribunal de Rouen dans son jugement
du 4 août 1880, n'agissent pas en leur qualité de
membres d'une congrégation non-autorisée, ni
pour être remis en possession à ce titre, ils se
présentent comme des associés civils, copropriétaires pour partie, en vertu de titres *au moins*

apparents (!) de l'immeuble dont ils ont été expulsés et comme des citoyens dont la liberté et le domicile auraient été violés. » Mais si ce sont des gens qu'on avait le droit d'expulser en vertu d'une loi, il n'y a eu ni violation de la liberté, ni violation de domicile, et il importe peu, si les demandeurs sont les *mêmes délinquants* qu'ils se présentent en une qualité ou en une autre...

« ... Le débat, ainsi précisé, continue le tribunal de Rouen, ne comporte aucunement la discussion des actes de l'autorité publique ou administrative. »

« La question posée, conclut le même tribunal, se résout donc essentiellement en une question de liberté individuelle et d'inviolabilité du domicile, au sujet de laquelle les jésuites ne se trouvent placés par aucun texte législatif en dehors du droit commun. »

On voit que le procédé est commode pour éliminer tout doucement et la loi et les décrets et le pouvoir exécutif et la Haute cour de justice... Il suffit d'invoquer le respect dû au droit de propriété, de se présenter comme propriétaire. Mais ne voit-on pas qu'une pareille jurisprudence aboutirait tout simplement à un dualisme sans issue ? Ne pourrait-on pas répondre, en effet, aux demandeurs qui voudraient faire exécuter le jugement de réintégration : Nous avons expulsé des jésuites en vertu d'une loi que nous prétendons être toujours en vigueur ; aucune autorité n'a prononcé l'annulation de l'acte *gouvernemental* (ou *administratif*) d'expulsion. Le jugement que vous exhibez concerne des *propriétaires ;* si vous rentrez comme *propriétaires*, je vous expulserai de nouveau comme jésuites...

Mais, allons plus loin. Pourquoi limiterait-on ce procédé au cas où les demandeurs en réintégration seraient propriétaires?... Si leur demande devait être considérée comme fondée, quand ils se prétendent propriétaires de l'immeuble d'où ils ont été expulsés, est-ce que leur demande ne devrait pas encore être accueillie même dans l'hypothèse où ils seraient simples locataires? Incontestablement ; le droit du locataire est aussi respectable que celui du propriétaire. Si le pouvoir exécutif n'a pas pu porter atteinte aux droits du premier, il ne doit pas davantage pouvoir porter atteinte aux droits du second. Par conséquent, des décisions précitées résulte forcément cette conclusion, que celui qui est expulsé d'un immeuble en qualité de membre d'une société prohibée peut demander sa réintégration en qualité de simple locataire de cet immeuble.

Mais ce n'est pas tout Le droit d'aller où l'on veut, de demeurer où l'on se trouve, est aussi respectable qu'un autre ; il n'est pas plus permis de violer ce droit dans la personne d'un citoyen que de violer tout autre droit. Or, un individu a été expulsé d'une maison en sa qualité de membre d'une société prohibée ; il demandera sa réintégration dans cette maison en vertu du droit indi-

viduel qu'il avait d'y être. Chacun des expulsés
en fera autant. « *Nous n'agissons pas*, diront-ils, *en
qualité de membres d'une société non-autorisée* (loin
de nous une telle pensée), *nous agissons individuellement, en vertu du droit que nous avons conservé*,
POUR L'EXERCER ISOLÉMENT OU EN COMMUN AVEC D'AU-
TRES, *de demeurer où bon nous semble....* » Ce n'est
certainement pas le juge des référés au tribunal
de la Seine qui repoussera une pareille préten-
tion. A quoi bon, dès-lors, invoquer la qualité de
propriétaire (ou de locataire), puisqu'il suffirait de
mettre en avant le droit individuel? Si la réclamation des demandeurs est fondée, c'est-à-dire si on
les a expulsés illégalement, il importe peu qu'ils
soient ou qu'ils ne soient pas propriétaires, qu'ils
soient ou qu'ils ne soient pas locataires. Ils ont été
victimes d'un acte gouvernemental ou administratif ; ils soutiennent que cet acte constitue à leur
égard une violation de la loi : il se peut qu'ils aient
raison. Mais qu'ils portent donc leur réclamation
devant la juridiction établie pour statuer sur les
actes de cette nature. Il est puéril de mettre en
avant la qualité de propriétaire, lorsqu'on pourrait
agir sans cette qualité et que cette qualité n'ajoute
absolument rien au droit qui appartient à tout
citoyen d'être restitué contre les effets d'un abus
de pouvoir quelconque, de la part de n'importe
quelle autorité.

Par conséquent, les phrases indignées qui ont
été prodiguées sur le respect dû à la propriété

sont de la déclamation pure. On semble n'avoir mis en avant le respect dû à la propriété, que pour masquer le véritable caractère du débat, pour lui donner une signification qu'il n'a pas, pour faire croire qu'on défend le droit· de propriété alors qu'aucune atteinte n'est portée à ce droit, pour empêcher de voir qu'il s'agit d'un acte gouvernemental ou administratif justiciable de la Haute-cour de justice ou du Conseil d'État.

Il ne faut pas d'ailleurs se faire illusion sur la valeur de cette formule : « *Le respect de la propriété est placé sous la sauvegarde des lois et tribunaux, en dehors et au-dessus des atteintes du pouvoir exécutif.* »

Cette vérité est incontestable ; mais il est manifeste que lorsque M. Demolombe parle de la *sauvegarde des tribunaux*, il veut parler des tribunaux *judiciaires*, et tous ceux qui se plaisent à répéter cette formule l'entendent dans le même sens. Or, entendue ainsi, la formule est radicalement fausse. Oui, *la propriété*, ou plutôt *les éléments divers qui peuvent composer le patrimoine d'une personne*, tout cela est placé sous la sauvegarde des *tribunaux*..... Mais ces tribunaux sont tantôt les tribunaux *administratifs* et tantôt les tribunaux *judiciaires*. S'agit-il du droit même de propriété ou de la possession, l'action en revendication et l'action possessoire sont portées devant les tribunaux judiciaires ; s'agit-il de dommages même permanents résultant, pour la propriété immobilière, de travaux publics, l'action ressortit aux tribunaux administratifs. Il en est de même en matière de marchés de fournitures, de contributions, et dans une foule d'autres cas où les obligations et les droits de créance, qui forment une partie si importante du patrimoine, ne peuvent être constatés, appréciés et protégés que par les tribunaux administratifs.

Que les tribunaux compétents soient administratifs ou judiciaires, ou même qu'il s'agisse de la Haute cour de justice, ces divers tribunaux constituent la sauvegarde des droits individuels contre les empiètements de l'administration ou du pouvoir exécutif. La compétence administrative dans les matières qui intéressent directement le *Patrimoine* est peut-être aussi étendue que la compétence judiciaire. Il est donc inouï de prétendre que les tribunaux judiciaires ont seuls mission pour sauvegarder le *Patrimoine*. Ils partagent cette mission avec le Conseil d'État, la Cour des Comptes, les Conseils de Préfecture....... Les droits individuels ne sont en souffrance devant aucune de ces juridictions. C'est à ceux qui le savent qu'il appartient de l'apprendre à ceux qui l'ignorent.

IV

Les garanties dites DE DROIT COMMUN appartenant à tous les Français peuvent-elles paralyser l'action gouvernementale ?

Nous supposons qu'il s'agit d'une action gouvernementale régulière, c'est-à-dire fonctionnant dans les limites de la loi constitutionnelle et suivant l'esprit de la Constitution.

Il est manifeste qu'il ne peut y avoir d'antinomie réelle entre une telle action gouvernementale et les droits individuels. L'ensemble des règles formant ce qu'on appelle quelquefois *les garanties dè droit commun* appartenant aux Français, ne peut avoir pour résultat de mettre obstacle à l'exercice du droit de police dont l'État se trouve investi. La démonstration de ce point résulte de tout ce qui précède. Il nous reste cependant à examiner la valeur de certaines formules qui ont été produites à l'occasion des décrets du 29 mars. Ces formules sont tellement excessives que, prises à la lettre, elles réduiraient non-seulement le pouvoir exécutif, *mais le législateur lui-même*, à la plus complète impuissance.

Comment se fait-il qu'on n'ait pas hésité cependant, à propos des congrégations non-autorisées, à affirmer des exagérations auxquelles on n'aurait certainement pas songé si les décrets avaient visé d'autres associations? Comment expliquer que des avocats de premier ordre aient pu, dans leurs *Consultations,* soutenir des opinions si peu en harmonie avec les vrais principes du droit qu'on ne saurait cependant les accuser d'ignorer?

C'est qu'il s'agissait avant tout de *défendre* une cause qui leur était chère à divers titres. C'est le seul moyen de se rendre compte de certaines *adhésions* motivées qui, dans l'affaire des décrets, ont été données à la *Consultation* de Mᵉ Rousse, de l'adhésion notamment de M. Demolombe.

C'est évidemment l'avocat, pour qui tout argument est bon, qui s'est prononcé plutôt que le jurisconsulte rigoureux et précis. Il nous sera permis de le dire, sans oublier le respect et la sympathie que nous inspire toujours la personne de l'illustre maître, et il ne s'offensera certainement pas de la réfutation *parallèle* que nous allons essayer de certaines de ses propositions.

PRINCIPES DU DROIT COMMUN Formulés par M. Demolombe	RÉFUTATION
« Tout Français majeur est « libre d'aller et de venir où « il veut. »	Oui; mais, s'il va dans une réunion ou association prohibée par une loi, il s'expose à être expulsé.
« Tout Français majeur est « libre de résider où il veut « et avec qui il veut. »	Excepté avec les membres d'une association qui serait prohibée par une loi.
« Tout Français majeur est	Excepté le *genre de vie* qui

« libre de choisir le genre de
« vie qu'il veut. »

« Tout Français majeur est
« libre de disposer de sa pro-
« priété comme il veut. »

« Chacun professe sa reli-
« gion avec une égale liberté. »

« L'enseignement est libre
« à tous les degrés. »

« La charité est libre dans
« toutes ses manifestations. »

consisterait à vivre en commun comme associé avec
d'autres associés membres
d'une société prohibée.

Cela n'est point exact; l'article 544 du Code civil définit
la propriété : « Le droit de
jouir et disposer de sa chose
de la manière la plus absolue,
*pourvu qu'on n'en fasse pas
un usage prohibé par les lois
ou par les règlements*. Donc,
s'il existe des lois prohibant
certaines sociétés, il n'est pas
permis d'employer *sa propriété* à abriter ces sociétés.

Oui, pourvu qu'il s'agisse
d'un culte reconnu, qu'on
emploie les formes extérieures
autorisées et qu'on ne se
groupe pas en société prohibée
par une loi.

Mais il est interdit aux sociétés qui seraient déjà prohibées par une loi et qui, dès
lors, ne pourraient légalement
exister.

Cela n'est même pas vrai de
la charité *individuelle*, qui ne
pourrait, par exemple, se tra-
duire, sans autorisation administrative, sous la forme d'une

« Voici maintenant les ga-
« ranties du droit commun
« de tous les Français :

« Nul ne peut être empê-
« ché de faire ce qui n'est pas
« défendu par la loi. »

« Le domicile est inviola-
« ble. »

« La propriété est sacrée. »

« Nul ne doit être inquiété
« pour ses opinions, même
« religieuses. »

« Nul ne peut être accusé,
« arrêté, ni détenu que dans
« les cas déterminés par la
« loi, et suivant les formes
« qu'elle a prescrites. »

« Nul ne peut être puni
« qu'en vertu d'une loi éta-

loterie de bienfaisance. (L. du
29 mai 1844.) Cela est faux
de la charité collective qui
voudrait se manifester par
l'organe d'une société prohibée.

Oui ; mais nul ne peut faire
ce qui est prohibé par la loi.
Si donc il existe une loi qui
prohibe certaines sociétés, les
associés doivent se dissoudre.

Excepté dans le cas de con-
travention à une loi.

C'est une affaire entendue ;
mais sacré aussi, dans un
autre sens, doit être celui qui
fait servir sa propriété à la
violation de la loi ; *sacer esto !*

Le pouvoir civil moderne
n'a jamais songé à inquiéter
personne pour ses opinions
religieuses. Ne pas confondre
les *opinions* avec les *actes
extérieurs*.

Dans l'affaire des décrets,
nul n'a été accusé, arrêté, ni
détenu.

Les lois invoquées par le
pouvoir exécutif n'édictant

« blie et légalement appli-
« quée. »

« Nul ne peut être saisi que
« pour être conduit devant le
« magistrat. »

« Nul ne peut être, sous
« aucun prétexte, distrait des
« juges qui lui sont assignés
« par la loi. »

« En un mot, il n'y a pas
« en France d'autorité supé-
« à celle de loi. »

aucune pénalité, il n'a jamais
été question de poursuivre
contre personne l'application
d'une peine quelconque.

Dans l'affaire des décrets,
il n'a jamais été pratiqué de
saisie sur personne. S'il y a
une loi qui prohibe certaine
société, le pouvoir exécutif a
le droit de procéder à la *dis-*
persion des membres de cette
société, opération matérielle
qui consiste à mettre dehors
ceux qui sont dedans et à
empêcher de rentrer ceux
qu'on a mis dehors.

Mais nul ne peut, sous
aucun prétexte, même en
alléguant le *droit de propriété,*
chercher à se soustraire aux
juges qui lui sont assignés par
la loi. Dans l'espèce, si le pouvoir exécutif a eu tort, il a
commis un excès de pouvoir.
Le juge, assigné par la loi
pour examiner si un acte du
pouvoir exécutif est ou n'est
pas entaché d'excès de pouvoir, c'est le conseil d'État ou
la Haute cour de justice.

C'est incontestable. Mais la
question est précisément de

« Tel est le patrimoine com-
« mun de tous les Français.
« Et ce patrimoine leur ap-
« partient, non par conces-
« sion, mais en propre, parce
« qu'ils sont Français ; et il
« appartient à tous parce que
« tous sont égaux en droits
« et qu'il n'y a pour aucun
« individu ni privilège, ni ex-
« ception au droit commun
« de tous les Français. »

savoir si l'acte du gouvernement a excédé les pouvoirs
conférés par une loi, question
qui rentre dans la compétence
du Conseil d'État ou de la
Haute cour de justice.

Nous allons plus loin que
M. Demolombe et nous admettons que tous ces droits,
d'après la législation française
moderne, appartiennent, en
France, à tout homme, en sa
seule qualité d'être humain et
indépendamment de sa qualité
de Français.

Après avoir ainsi formulé ses *principes du droit commun*, M. Demolombe, abordant plus directement la question, se demande : « S'il existe une loi de haute police
permettant au pouvoir exécutif de dissoudre les congrégations par voie *d'acte gouvernemental?* »

« Ce serait, dit-il, l'absolutisme à sa plus haute puissance... »

Pourquoi cela ? A cause des conséquences que pro-
duirait cet acte gouvernemental et dont M. Demolombe
donne l'énumération. Nous allons examiner ces conséquences et nous verrons qu'elles n'ont rien de particulier
à l'espèce actuelle, mais qu'elles découlent forcément de

tout acte gouvernemental. D'où il suit que tout acte gouvernemental (ou diplomatique) serait l'absolutisme à sa plus
haute puissance !...

Voyons donc ces conséquences :

TEXTE DE M. DEMOLOMBE	RÉFUTATION
« Il suffira d'un décret con- « tresigné par un ministre et « l'inviolabilité du domicile « s'évanouira. »	Mais non ; le domicile de tout citoyen qui n'est en état de rébellion contre aucune loi demeurera inviolable.
« Un officier de police ad- « ministrative, sans mandat « de justice, pourra faire bri- « ser les portes extérieures et « intérieures d'une maison « habitée par des citoyens « paisibles et innocents de « tout délit. »	Toujours la même équivo-que sur les effets de l'absence d'une sanction pénale. S'il existe une loi de haute police prohibant certaines sociétés sans édicter de peines contre les contrevenants, les contre-venants seront innocents de tout *délit,* dans le sens techni-que du mot (fait punissable d'une peine correctionnelle) ; mais il seront coupables d'un fait illicite. Qu'on ne parle donc pas de citoyens *innocents.*
« Il suffira d'un décret con- « tresigné par un ministre et « l'inviolabilité du for inté- « rieur, ce domicile de la « conscience, s'évanouira. Un « officier de police adminis- « trative interrogera un ci- « toyen français sur ses enga-	Nous ne voyons pas ce que vient faire ici le *for intérieur* dans une affaire où il s'agit de disperser, en vertu d'une loi qu'on prétend exister, les membres de certaines sociétés qui ne dissimulaient pas leur qualité et agissaient ostensi-

« gements envers Dieu. »

« Il suffira d'un décret con-
« tresigné par un ministre et
« la liberté individuelle s'éva-
« nouira. Un officier de po-
« lice administrative mettra
« la main au collet d'un ci-
« toyen français... Pour le
« conduire devant le magis-
« trat? Non! Pour l'expulser
« de chez lui. »

« Il suffira d'un décret con-
« tresigné par un ministre et
« l'inviolabilité de la propriété
« s'évanouira. Un officier de
« police administrative mettra
« les scellés sur la porte d'une
« maison et dépossèdera le
« propriétaire. »

blement comme appartenant à ces mêmes sociétés.

Il semblerait, d'après cela, qu'il sagit d'une mesure possible contre un individu isolé ne violant aucune loi. Mais il ne s'agit de porter atteinte à la liberté individuelle de personne. On prend des mesures contre certaines collectivités que l'on prétend prohibées par la loi. La liberté individuelle ne peut cependant pas consister à former des groupes qui seraient défendus! On se borne à dissiper un rassemblement illicite.

Il y a cependant une précision à faire. Dans certains cas, un citoyen sera obligé, par mesure de police, de subir une atteinte à sa propriété, de subir même une expulsion, sans qu'il ait dépendu de lui de l'éviter. Par exemple, le cas s'est présenté, quand, en vertu d'un arrêté du maire pris en exécution d'instructions ministérielles, il sera obligé de mettre sa maison à la disposition de l'autorité militaire pour fournir du logement à une armée étrangère, conformément à certaines conventions diplomatiques; mais, dans d'autres cas, il suffira de ne pas contrevenir, par exemple, à une loi qui prohiberait certaines sociétés, pour être à l'abri de toute expulsion.

« J'invoque la longue pos- « session! dira l'expulsé. »

La longue possession de quoi? Il ne s'agit pas évidemment de la possession de *la maison*..... Il s'agit de la possession de *l'état de société* dans lequel on voudrait être maintenu, sous prétexte que cet état dure depuis longtemps. C'est l'abrogation de la loi par désuétude qui montre le bout de l'oreille.

« On lui répondra : la tolé- « rance ne prescrit pas con- « tre le droit de haute police. »

Bien répondu.

« Je suis né libre sur une « terre libre et je n'ai violé « aucune loi. »

Vieille formule qui ne signifie plus rien depuis qu'il n'y a plus d'esclaves ni de serfs. Toutes les terres sont libres et ceux qui naissent dessus également.

« On lui répondra : vous « êtes suspect. »

Non, on a répondu : Vous avez violé tels et tels textes de loi qui prohibent la société

4

« Je demande des juges; « on lui répondra : Entre vous « et le pouvoir, il n'y a pas « de juges. L'acte gouverne- « mental ne comporte pas de « contentieux. »

. . . .

ou congrégation que vous constituez ostensiblement dans cette maison, et sans que vous prétendiez le contraire.

Des juges! pour élucider quel point? Vous ne contes-tez pas et ne songez pas d'ailleurs à contester être réunis dans cet édifice, en qualité de membre d'une so-ciété prohibée.

« ..... *Nous le répétons*, continue M. Demolombe, *si une telle loi existe*..... » Eh bien! « *Si une telle loi existe*... » quel est le trait final auquel il faut s'attendre?... « *Si une telle loi existe, elle doit être* CLAIRE ET FORMELLE!... » Mais la clarté et la préci-sion doivent être les qualités principales de toute espèce de loi et nous ne voyons pas pourquoi ces qualités seraient plus particulièrement exigées dans certains cas et lorsqu'il s'agit de défendre certains intérêts.

M. Demolombe conclut, naturellement, que cette loi n'existe pas. C'est un point que nous n'avons pas à examiner. Si, en effet, cette prétendue loi n'existe pas, le ministère et le Président de la République ont directement engagé de la manière la plus grave leur responsabilité en prescrivant les mesures prises contre certaines congrégations. Il faut demander leur mise en accusation devant le Sénat.

Si cette loi existe, il faut qu'elle soit obéie, et toute tentative faite pour se soustraire à son application, sous quelque forme qu'elle se produise, est un acte de rébellion.

Mais il ne faut pas se le dissimuler, les doctrines que nous venons d'examiner ne visent pas seulement une ou plusieurs lois sur l'existence desquelles on peut, à la rigueur, concevoir qu'une certaine controverse s'établisse.

Le « *ce qu'il veut, avec qui il veut et comme il veut* » de M. Demolombe a une toute autre portée, sinon dans l'esprit de l'éminent jurisconsulte, du moins dans la pensée non dissimulée de la plupart des adversaires des décrets du 29 mars. Il s'agit tout simplement de poser des bornes inadmissibles à la puissance du législateur lui-même.

Jusqu'à ce jour on avait admis que la Constitution seule pouvait déterminer les limites dans lesquelles devait s'exercer la puissance législative. Mais sous l'influence de ces doctrines exagérées, que les ignorants ou les malintentionnés ne manquent pas de prendre au pied de la lettre, on entend tous les jours soutenir les thèses les plus dissolvantes.

« La propriété est sacrée et le domicile est inviolable », dit-on. Donc, nulle autorité, dans aucun cas, même dans le cas de violation d'une loi, ne peut venir contrôler ce que le propriétaire (ou le locataire) fait dans sa maison ; aucune loi ne peut permettre d'en franchir le seuil !... Retranché dans son immeuble comme dans une citadelle inexpugnable, le *Land-lord* français pourra tenir en échec le gouvernement de son pays. La loi elle-même ne pourra l'atteindre *légitimement*... « *Si une telle loi existait, ce serait le despotisme à sa plus haute puissance!* » Enfin, on distingue entre les lois que l'on trouve *légitimes* et celles à qui on refuse ce caractère. Les lois dont l'exécution pourra avoir lieu chez le propriétaire et malgré le propriétaire, sont déclarées attentatoires au droit naturel et sacré de la propriété. On prêchera le mépris de ces lois, et s'insurger contre elles cessera d'être un crime !

Ce qui peut expliquer, sinon excuser, de pareilles erreurs, c'est que les personnes qui les professent ont sans doute le jugement obscurci par la contemplation obstinée du but unique qu'elles cherchent à atteindre. Elles ne voient rien au-delà des intérêts particuliers qui ont éveillé leur sollicitude, et elles ne paraissent pas soupçonner que la généralisation de leurs doctrines imprudentes favoriserait surtout les pires ennemis de la société... à moins que ces doctrines ne soient déclarées bonnes que pour *certaines* congrégations seulement.

Dans tout ce qui précède, nous avons été guidé par un sentiment unique : *le respect de la loi*, et par une perception vive et raisonnée des dangers graves qui pourraient résulter de toute opinion de nature à diminuer ce respect.

Mais maintenant, abordant un autre terrain, il nous sera permis de dire que les lois actuelles ne sont pas l'idéal qu'il s'agirait de réaliser et qu'elles sont radicalement insuffisantes pour donner satisfaction à l'État et aux particuliers.

Ces lois sont le résultat d'une véritable équivoque : De ce que la loi civile n'avait plus à intervenir pour assurer l'observation des vœux monastiques, on en conclut d'abord que les congrégations religieuses, *n'existant plus à ce point de vue,* ne pouvaient en fait être tolérées en France. Plus tard on crut pouvoir admettre une distinction : Parmi ces congrégations, dirent les gouvernements, il en est qui peuvent rendre certains services soit pour l'enseignement soit pour le soin des malades. En conséquence, il fut décidé que les congrégations hospitalières de femmes, et même quelques congrégations d'hommes vouées à l'enseignement, pourraient être autorisées. Quant aux autres congrégations purement contemplatives, considérées comme *inutiles* ou *dangereuses,* elles demeurèrent prohibées.

Il fallait précisément faire le contraire :

L'État laïque, en effet, doit se placer à un autre point de vue. Il doit d'abord se demander si les congrégations sont dangereuses pour la société civile, et pourquoi elles sont dangereuses. Si l'action qu'elles peuvent exercer sur le milieu qui les entoure est nulle, il est manifeste que leur existence ne présente à aucun point de vue aucune espèce de danger. C'est le cas des congrégations purement *contemplatives* d'hommes ou de femmes.

Mais il pourra en être autrement des congrégations qui prétendent exercer une action *extérieure*.

Une telle action se traduira par l'un des trois moyens suivants :

1° Le soin des malades ;

2° L'enseignement ;

3° La prédication, la confession et autres actes se rattachant à l'exercice public d'un culte.

Les congrégations *purement contemplatives* doivent pouvoir librement se former sur le territoire français, sous la seule condition de demeurer en effet réellement contemplatives. C'est à elles seules que s'appliquent avec vérité les formules de M. Demolombe :

« *Tout Français est libre d'aller où il veut, de résider où il veut et avec qui il veut; de choisir le genre de vie qu'il veut.* »

Si donc il plaît à des Français de se réunir pour vivre ensemble, sous une règle commune, dans le but de méditer ou de prier ou d'étudier, ils doivent pouvoir le faire sans rencontrer d'obstacles légaux. La loi ne saurait leur refuser ce droit, quelle que soit la dénomination qu'il leur plaira d'adopter, s'agirait-il même des dénominations les plus compromises dans l'histoire. Il faudrait être affligé d'une bien grande étroitesse d'esprit pour s'en offusquer.

Mais *l'assistance publique* et *le culte,* constituant aujourd'hui des *services publics* que l'Etat a pris à

sa charge, personne n'osera soutenir, car le paradoxe a ses limites, que des particuliers aient *le droit
de s'associer* pour s'immiscer *dans un service public*,
et faire ainsi concurrence à l'Etat.

L'enseignement public, quoique pouvant être une
occasion de lucre, n'est pas *une industrie;* il constitue une véritable *fonction*. L'Etat a pu en aban-
donner le monopole, mais il n'a pu abdiquer le
droit de prendre les mesures *préventives* destinées
à empêcher que cette *fonction* s'exerce en contra-
diction avec les principes de la société moderne.

Les associations d'hommes ou de femmes qui
auraient pour but de s'immiscer dans *l'assistance
publique,* dans les actes d'un *culte public,* ou dans
l'enseignement, sont donc LES SEULES à l'égard desquelles on peut concevoir des restrictions.

La loi qui les prohiberait purement et simplement, sans distinction, ne serait pas une loi op-
pressive, car elle ne diminuerait aucun droit que
puisse revendiquer un citoyen ;

Et la loi qui attribuerait au gouvernement la
faculté de leur permettre, après approbation des
statuts, de s'établir en vertu d'une autorisation
toujours révocable, serait une loi libérale.

Toute autre solution est impossible ; car, ainsi
que l'a dit excellemment M. le procureur-général
Bertauld :

« Toute souveraineté, par cela seul qu'elle est
souveraineté temporelle, qu'elle est souveraineté

politique, ne laissera jamais former contre elle,
malgré elle, au sein de l'Etat, un Etat dans l'Etat,
ou un Etat rival de l'Etat (1). »

1er novembre 1880.

T. HUC

(1) Discours prononcé au Sénat, le 27 février 1880.

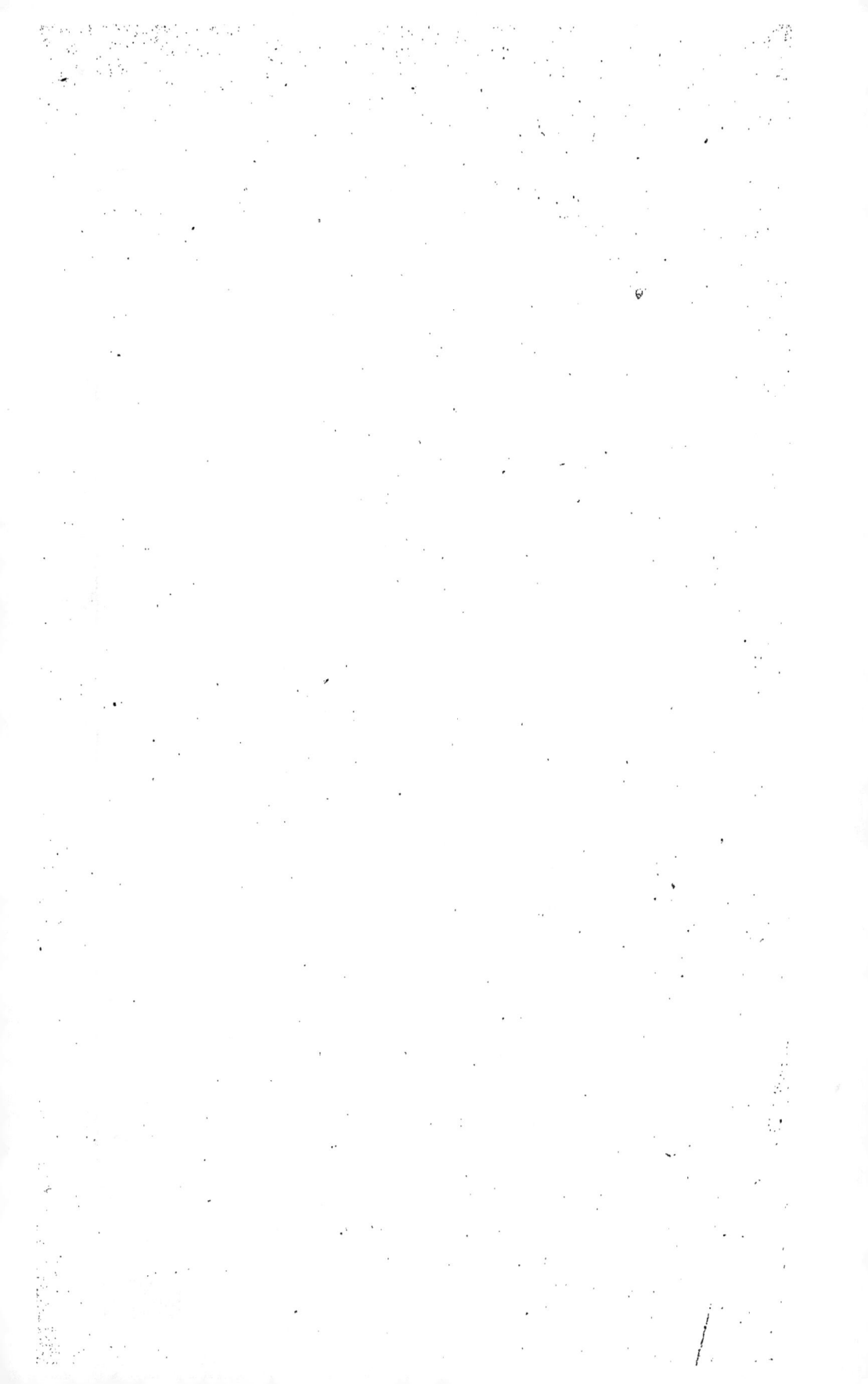

OUVRAGES DU MÊME AUTEUR

———

Le Code civil italien et le *Code-Napoléon*, études de législation comparée, 2ᵉ édition, 2 vol. in-8ᵉ (1868)   Prix : **14 fr.** »»

Des Aliénés *et de leur capacité civile* (1869) . Prix : **2 fr. 50**

Du Formalisme Romain. Toulouse (1861).

Du Transfert de la Propriété. Toulouse (1864).

Du Contrat d'assurance sur la vie humaine, Mémoire lu à la Sorbonne. Paris (1866). — Imprimerie Nationale.

Études sur le Régime hypothécaire. Paris (1868). — Imprimerie Nationale.

Cours de Code civil approfondi. — Leçon d'ouverture (1879).

Nature juridique du prix dans la vente (1880)

www.ingramcontent.com/pod-product-compliance
Lightning Source LLC
Chambersburg PA
CBHW050543210326
41520CB00012B/2694